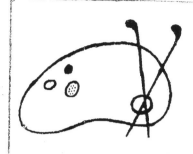

Début d'une série de documents
en couleur

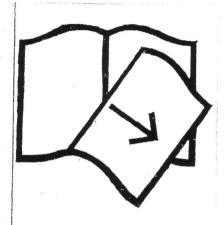

Couverture inférieure manquante

L'INVENTAIRE

DU

CHATEAU DE THOUARS

DU 2 MARS 1470

PUBLIÉ

PAR B. LEDAIN

Extrait des *Mémoires* de la Société de statistique, sciences, lettres et arts des Deux-Sèvres.

SAINT-MAIXENT

IMPRIMERIE CH. REVERSÉ

1886

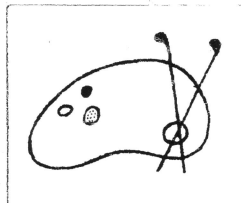

Fin d'une série de documents
en couleur

L'INVENTAIRE

DU

CHATEAU DE THOUARS

DU 2 MARS 1470

PUBLIÉ

PAR B. LEDAIN

Extrait des *Mémoires* de la Société de statistique, sciences,
lettres et arts des Deux-Sèvres.

SAINT-MAIXENT

IMPRIMERIE CH. REVERSÉ

1886

I. — ÉCLAIRCISSEMENTS PRÉLIMINAIRES.

L'original de cet inventaire écrit sur papier a été découvert par nous récemment dans les archives du château de Bressuire transportées depuis la fin du siècle dernier au château de Saint-Loup où elles sont encore conservées. C'est un document très intéressant non seulement au point de vue de son contenu mais aussi en raison des circonstances historiques qui ont motivé sa rédaction.

Louis d'Amboise, vicomte de Thouars, auquel appartenait le mobilier inventorié quelques jours après son décès arrivé le 28 février 1470, était un des plus puissants seigneurs de l'ouest. Il possédait la vicomté de Thouars, Mauléon, Talmont, Olonne, Curzon, Château-Gaultier, Bran, Brandois, la Chaise-le-Vicomte, l'île de Ré, Marans, Benon, c'est-à-dire une grande partie du bas Poitou. Comme le vicomte avait marié sa fille aînée, Françoise, au duc de Bretagne Pierre II, le roi Louis XI craignait peut-être que ces magnifiques domaines, voisins de la Bretagne, n'échappassent à la France. Cependant la duchesse Françoise était veuve et sans enfants, lors de son avénement, en 1461. Mais

Louis XI, dont la politique constante tendit à l'accroisse-
ment du domaine royal et à l'abaissement de la féodalité,
n'en convoitait pas moins l'acquisition des domaines de
Thouars. Pour parvenir à ce but tous les moyens lui paru-
rent bons. Profitant de la haine du vicomte contre sa fille
Françoise, qui l'avait fait interdire en 1457 à cause de ses
honteuses prodigalités, il le circonvint sans difficulté et le
disposa à lui céder ses domaines, quoiqu'il eût une autre
fille et héritière, Marguerite, épouse de Louis de la Trémouille, qui avait plusieurs enfants.

On connaît les intrigues ténébreuses, les moyens frau-
duleux dont se servit Louis XI pour amener le faible
Louis d'Amboise à lui céder par une vente simulée, de l'an
1462, la vicomté de Thouars, sous réserve d'usufruit. On
sait aussi les procès longs et compliqués qui s'en suivirent
durant plus de vingt ans entre la famille de la Trémouille
et le domaine royal, procès dans lesquels intervint le
célèbre Comines, donataire d'une partie des biens enlevés
à la famille de Thouars. Tout cela a été raconté par M. de
la Fontenelle de Vaudoré et d'autres historiens poite-
vins (1), d'après les curieuses enquêtes de ce fameux litige
dont les pièces sont conservées dans le riche chartrier de
Thouars, propriété de M. le duc de la Trémouille.

Devenu maître de la vicomté de Thouars, en vertu de
l'acte de 1462, le roi attendit la mort de Louis d'Amboise
pour en prendre possession. Un de ses conseillers les plus
dévoués et les plus intelligents, Jacques de Beaumont,
sire de Bressuire, voisin du vicomte, était chargé de
guetter ce moment. Informé par lui, en février 1470, de
la maladie et de la mort prochaine du vicomte, Louis XI
lui prescrivit de se transporter de suite à Thouars et de ne
laisser pénétrer au château ni les La Trémouille ni la dame
de Monsoreau, mère de la vicomtesse. Louis d'Amboise

(1) *Philippe de Comynes en Poitou*, par de la Fontenelle de Vaudoré,
1836. — *Histoire de Thouars*, par Imbert, 1870. — *Histoire de Bressuire*,
par B. Ledain, 1880.

avait épousé en secondes noces, en 1465, la jeune Collette de Chambes-Monsoreau qui ne pouvait manquer, à la mort de son mari, de réclamer ses droits de douaire stipulés dans son contrat de mariage, mais dont le roi ne voulait tenir aucun compte.

Jacques de Beaumont arriva à Thouars à la tête de vingt-six gentilshommes, peu de jours avant la mort du vicomte, qu'il trouva couché dans une *chambre longue* du château. Celui-ci ayant rendu le dernier soupir le 28 février 1470, Beaumont lui fit rendre les derniers devoirs dans l'église Saint-Laon. Puis, sur l'ordre formel du roi, en date du 1er mars, il procéda à l'inventaire du mobilier du château (1). Dès le lendemain, 2 mars il requit deux notaires, Jean Martinet et Pierre Laurens, convoqua les officiers et notables de la vicomté et fit faire l'opération en sa présence.

On lira plus loin la brillante énumération des bijoux, de la vaisselle d'argent, des vêtements, tapisseries, meubles et autres objets trouvés dans le château. Elle donne une haute idée de l'opulence des vicomtes de Thouars. Quant à l'état ancien du château lui-même, il est impossible de le reconstituer, quoique les appartements soient désignés dans l'inventaire, parce qu'il a entièrement disparu pour faire place au brillant édifice élevé en 1635 par la duchesse Marie de la Tour. L'inventaire mentionne la chambre longue où mourut Louis d'Amboise, la garde-robe voisine contenant presque tous les objets précieux, la chambre du pavillon, la chambre de dessous, la chambre basse de la tour neuve, la garde-robe neuve, près ladite chambre, la chambre haute de ladite tour, une chambre neuve près ladite tour, la vieille salle commune, la salle neuve, la chambre neuve près la chapelle, la chambre haute appelée la chambre à parer, la chambre des comptes, la chambre du maître d'hôtel, la chambre de l'écuyer de cuisine, la cuisine, la buanderie, la bouteillerie, la chapelle, le cellier

(1) *Louis XI et Collette de Chambes*, par l'abbé Ledru. Angers, 1882.

de la herse, le grand cellier des galeries. Si l'on rapproche de ces indications bien insuffisantes celles contenues dans un compte de 1484 et autres documents (1), on reconnaît qu'une bonne partie du logement seigneurial avait été reconstruite assez récemment dans le cours du xvᵉ siècle, et qu'il était voisin du châtelet, sorte de petite bastille déjà en ruines, de l'église Saint-Pierre, du jardin Saint-Martin et du vieux donjon du moyen âge. Par conséquent ce château occupait le côté occidental du coteau. Celui de 1635, au contraire, est placé à l'orient. Voilà tout ce que l'on peut deviner sur l'habitation de Louis d'Amboise.

Que devinrent les objets de son mobilier inventoriés par l'ordre du sire de Bressuire? Ils devaient appartenir légitimement à Collette de Chambes, la jeune veuve du vicomte, en vertu de la coutume et des stipulations de son contrat de mariage. Mais Louis XI se souciait aussi peu de ses droits que de ceux de la Trémouille contre lesquels il avait du moins un titre apparent, la vente de 1462. Exécuteur impitoyable des ordres royaux, Jacques de Beaumont refusa tout à Collette et la traita avec une telle dureté, à Thouars, qu'il la contraignit bientôt de partir dénuée de toute ressource. Elle se retira à Tours, puis à Berrie, qui faisait partie de son douaire (2). Mais le douaire aussi bien que les meubles fut saisi par Jacques de Beaumont, en vertu d'un mandement de Louis XI, du 15 mars 1470, lui enjoignant de prendre possession de tous les domaines de Louis d'Amboise, sans exception (3). La jeune Collette, réduite au désespoir et à la misère, se réfugia, on le sait, près du duc de Guyenne, frère du roi, dont elle devint la maîtresse. Jacques de Beaumont emporta dans son château de Bressuire, aussitôt après l'inventaire,

(1) *Histoire de Thouars*, par Imbert, pp. 206 et suiv.
(2) *Louis XI et Collette de Chambes*, par l'abbé Ledru, p. 21. Les curieux documents mis en œuvre dans cette brochure sont extraits des archives de Monsoreau.
(3) Chartrier de Thouars. Pièce communiquée par M. le duc de la Trémouille.

une bonne partie du mobilier de Thouars. C'est ce qu'affirma plus tard la dame de Monsoreau, mère et héritière de Collette, dans le procès qu'elle intenta à ce sujet contre la couronne et contre Jacques de Beaumont (1). Le roi adjugea-t-il cette riche aubaine au sire de Bressuire, son compère? Peut-être. Toujours est-il qu'il lui en donna décharge dès le 16 mars 1469/70 (2).

Collette de Chambes, appuyée par le duc de Guyenne, fit réclamer au roi, aux mois de septembre et octobre 1471, la restitution du mobilier de son mari ou le paiement de sa valeur montant, disait-elle, à cinquante mille écus. Elle joignit à sa requête un inventaire approximatif où l'on reconnaît plusieurs objets, notamment des bijoux et de la vaisselle d'or, figurant dans celui de 1470 que nous publions. Elle demandait à poursuivre en justice les détenteurs de ces meubles (3). C'était le sire de Bressuire qu'elle visait là d'une manière directe et évidente. Louis XI fit d'abord mine de vouloir rendre justice et délégua des commissaires pour examiner la question. La mort de Collette le 14 décembre 1471, bientôt suivie de celle du duc de Guyenne à la fin de mai 1472, changea complètement la situation.

Cependant la dame de Monsoreau, mère et héritière de l'infortunée Collette de Chambes, entreprit la revendication de ses droits. Elle était encouragée par le mariage de sa seconde fille Hélène avec le célèbre Comines, conseiller intime de Louis XI. Une première satisfaction lui fut accordée par des lettres patentes du 7 avril 1476, confirmant l'assiette de 800 livres de rente sur les seigneuries de Ré et Marans, jadis concédée par le vicomte de Thouars, pour le remboursement de la dot de Collette. Mais elle n'oublia pas les meubles du château de Thouars. Louis XI mourant ordonna, par l'intermédiaire de son

(1) *Louis XI et Collette de Chambes*, p. 21.
(2) *Louis XI et Collette de Chambes*, p. 22, note.
(3) *Louis XI et Collette de Chambes*, pp. 18, 28-33.

confesseur, qu'on lui en payât la valeur. Sans perdre un moment la dame de Monsoreau réclama de son successeur Charles VIII l'exécution de la promesse paternelle. Des commissaires du conseil privé du roi furent chargés, dès le commencement de 1484, d'examiner l'affaire, d'interroger le sire de Bressuire et de s'informer si c'était lui ou le roi qui devait le remboursement du mobilier de Louis d'Amboise, soit en nature, soit en argent (1).

Des lettres du roi, du 4 avril 1484, reconnaissant l'équité de la demande de la dame de Monsoreau, ordonnèrent en principe qu'elle serait payée par le trésor; puis d'autres lettres du 10 août lui accordèrent provisoirement douze mille livres avant l'évaluation des meubles. Restait à retrouver et à estimer ces meubles. Un arrêt du parlement de 1485 prescrivit cette opération. Le conseiller Guillaume Ruzé, chargé de son exécution, agissant à la requête des Monsoreau, ajourna à Thouars, pour le 5 mai 1486, Jacques de Beaumont sire de Bressuire et beaucoup d'autres témoins, afin de savoir d'eux ce qu'était devenu le mobilier existant au château de Thouars lors du décès de Louis d'Amboise. Le sire de Bressuire qui devait être mieux instruit que personne, puisqu'il avait fait faire l'inventaire sous ses yeux, comparut par procureur à Thouars, puis en personne quelques jours après, à Coulonges, devant le commissaire. Mais sa déposition, pas plus que celles des autres témoins, n'amena aucun résultat. Les meubles ne purent être retrouvés en nature, et par suite l'estimation devint impossible (2).

C'est alors que la dame de Monsoreau dressa un inventaire nécessairement incomplet comme celui de sa fille Collette, en 1471, et poursuivit le sire de Bressuire. Cet inventaire, reproduit en partie du moins dans l'intéressante brochure de M. l'abbé Ledru (pp. 18 et s.), contient

---

(1) *Idem*, pp. 56-57.

(2) Tous ces curieux détails ont été révélés par M. l'abbé Ledru, dans la brochure précitée, d'après les pièces du procès qui eut lieu à l'occasion du mobilier de Thouars, pièces existant dans les archives de Monsoreau.

plusieurs articles qui figurent dans celui beaucoup plus complet et détaillé que nous avons retrouvé. Quel était donc le véritable débiteur? La couronne ou le sire de Bressuire? Louis XI avait ordonné la saisie de tous les biens du vicomte de Thouars, en 1470. Jacques de Beaumont n'avait été qu'exécuteur de ses commandements. Il est vrai qu'il avait emporté à Bressuire une bonne partie du mobilier inventorié. Mais le roi presque aussitôt l'avait déchargé de toute responsabilité (16 mars 1470) (1). Il semble dès lors que Jacques de Beaumont ait été autorisé à s'approprier les dépouilles du vicomte de Thouars, au mépris des droits évidents de la veuve, Collette de Chambes. Ce serait donc pour ce motif que le roi Charles VIII, par lettres du 6 septembre 1489, accorda à la dame de Monsoreau, héritière de Collette, la somme de 35,000 livres, portée plus tard en 1491 à 37,000, à titre d'indemnité représentant la valeur du mobilier de Louis d'Amboise, à la condition de n'exercer aucune poursuite contre le sire de Bressuire. Une somme de 6,000 livres fut versée le 16 décembre 1491. Mais le paiement du reste se faisant attendre ou rencontrant quelque difficulté nouvelle, la dame de Monsoreau, qui faisait preuve d'une remarquable ténacité, reprit ses poursuites contre le sire de Bressuire. La mort de celui-ci, arrivée le 15 avril 1492, ne l'arrêta pas. Elle continua ses revendications contre les héritiers Thibault de Beaumont, Pierre de Laval et André de Vivonne, qui furent ajournés devant le bailli de Touraine, à Chinon, en vertu de lettres royaux du 14 juillet 1492. Etant morte elle-même bientôt après, elle transmit cet interminable procès à son petit-fils, Philippe de Chambes. Puis on en perd la trace et par conséquent on en ignore le résultat (2).

(1) Le roi Louis XI aurait donné cette décharge au sire de Bressuire au bas de l'inventaire de 1470 (Ledru, p. 22). L'original que nous publions ne porte pas trace de cette décharge. Mais il a pu exister d'autres copies authentiques de ce document.

(2) *Louis XI et Collette de Chambes*, pp. 55-61.

Les revendications du mobilier de Thouars, exercées avec tant de persistance contre le sire de Bressuire, laissent supposer que la responsabilité de ce seigneur n'avait été suffisamment dégagée, ni par l'acte de Louis XI du 16 mars 1470, ni par les lettres royaux du 6 septembre 1489. On se demande s'il n'abusa pas, lors de sa mission à Thouars, de la grande faveur dont il jouissait près du roi. Divers incidents du procès font naître des doutes fâcheux pour sa mémoire et on ne connaîtra sans doute jamais le sort de cette riche proie dont il n'avait en apparence que la garde, au moment de la confiscation ordonnée par Louis XI.

L'inventaire du château de Thouars emprunte donc, on le voit, un intérêt tout particulier aux circonstances qui l'ont motivé, accompagné et suivi. C'est une pièce nouvelle qui manquait à l'histoire du grand litige auquel donna lieu la succession du vicomte Louis d'Amboise.

B. LEDAIN.

II. — TEXTE DE L'INVENTAIRE.

Inventoire des biens et choses censées pour meubles demourez du décès de feu tres doubté et tres puissant seigneur monsieur Loys d'Amboize chevalier en son vivant vicomte de Thouars nagueres décédé, lesquelz biens ont esté trouvez en chastel du dit lieu de Thouars. Fait cest inventaire par tres noble et puissant seigneur messire Jacques de Beaumont chevalier seigneur de Bersuire comme soy portant commissaire du Roy notre sire en ceste partie, présens et par lui à ce appellez révérends pères en Dieu Guy abbé de Champbon, Pierre abbé d'Oyrevau, Nicolas abbé de Thouars, nobles personnes messires Jehan d'Appelvoisin et Pierre Flory, chevaliers, Rolant de la Vayrie, Hardoin Duboys, maistres Loys Tindo, Richart Estivale et Huguet Cartiers, escuiers, François Martineau chastellain de Thouars, et nous Jehan Martinet et Pierre Laurens notaires royaulx à ce requis et appellez par ledit tres noble et puissant, tous lesquelx biens cy apres déclarez sont demourez en la garde d'icelui tres noble et tres puissant lequel les a euz et prins les clefz des lieux où ils ont esté mis par lui. Fait le dit inventaire on dit chastel de Thouars, le nᵉ jour de mars l'an mil cccc soixante et neuf.

Et premiérement a esté trouvé en l'un des coffres estans en une garde robe pres la chambre où se tenoit le dit feu vicomte la somme de huit mil neuf cens soixante et quatre escus neufz en deux pochettes de cuir.

Item en une boete à chevaucheur trois cens escuz neufz et en une petite bource autre part huit escuz et demy et ung lyart.

Item en une petite bource roge cent cinquante trois ducaz.

Item une couppe d'or couverte garnie de plusieurs dyamens, rubiz, saffirs et autres pierrerie poisant le tout sept marcs une once d'or.

Item une autre couppe d'or couverte où il y a Jhesus au fons poisant six marcs trois onces trois gros d'or.

Item ung bremgault d'or couvert poisant sept marcs sept onces trois gros d'or.

Item ung potet d'or poisant deux marcs sept onces et demye d'or.

Item deux lingots d'or l'un plat et l'autre long poisant le tout neuf marcs sept onces moins 1 gros.

Item une chesne d'or piosant quatorze mars trois onces d'or.

Item une autre chesne d'or à chesnons ronds poisant sept mars sept onces trois gros.

Item en ung autre petit coffre a esté trouvé une petite croix d'argent doré où il y a de la vraye croiz.

Item ung petit penier d'or ou fons duquel a ung dyament.

Item ung petit jacquemart d'or avecques une verge d'or où il y a ung ruby et une mousche.

Item ung anneau d'or à †.

Item ung petit coffre d'yveure ferré d'argent doré.

Item une chesne d'or à onze tours poisant ung marc moins ung gros.

Item troys tissuz ferrez d'or à esmaillerie et autre ouvrage, poisant tissuz et ferreures six mars une once.

Item ung brasselet et une petite cordelière le tout d'or.

Item ung tableau d'argent garny de reliquiaire.

Item une assez grant croix où il y a de la vraye croix.

Item unes grans heures ou matines à femme enlumynées d'or et d'asur sans fremouer, couvertes de veloux noir.

Item un petit tableau d'or onquel à ung cruxifilz.

Item ung cordon de fil d'or où il y a escript : eschape qui peut.

Item ung fremaillet en roze où il y a trois dyamens ung rubi et trois perles en or.

Argent en euvre.

P⁰. Vingt et ung plaz, tant grans que petis, d'argent, merchez es armes parties de Thouars et de Maillé, poisant le tout soixante et dix-sept mars d'argent.

Item trente six escuelles neufves es armes de Thouars et d'Amboize poisant quatre vings sept mars une once d'argent.

Item trente autres escuelles esdites armes de Thouars et de Maillé poisant le tout soixante huit mars trois onces et demie.

Item une nef esdites armes de Thouars et d'Amboize poisant vingt-deux mars trois onces.

Item quatre chandeliers godronnez poisant quinze mars.

Item trois autres grans plaz esdites armes de Thouars et de Maillé, poisant dix-sept mars cinq onze et demÿe.

Item une pile de quinze tasses pla'nes, fors l'une qui est martelée où il y a Jhésus, poisant le tout quarante trois mars d'argent.

Item unze autres tasses où il y a au fons Jhésus, poisant le tout trente et six mars d'argent.

Item deux pots godronnez esdites armes de Maillé et une aymé à broc, le tout poisant huit mars trois onces.

Item cinq bassins à laver dont les trois sont es armes de Thouars et les deux à vignetes dont les escussons des deux sont d'or, poisant le tout trente mars trois onces et demye.

Item une coupe d'argent à pié sans couvercle où il y a du plon au fons poisant d'argent net deux mars.

Item une salière couverte godronnée poisant ung mars une once.

Item deux flacons es armes de Thouars, poisant quinze mars deux onces.

Item deux grans poz godronnez poisant seize mars et demi.

Item deux autres grans poz à ouvraige plain, poisant quatorze mars sept onces et demye.

Item deux pintes à ouvrage plain où il y a Jhésus, poisant douze mars.

Item quatre cuillieres, une couppe verée et couverte es armes de Maillé avecques ung bénestier et lesparssoir d'icelui, le tout poisant cinq mars trois onces.

Item six autres grans tasses plaines es armes de Thouars, poisant vingt trois mars cinq onces et demye.

Item deux flacons d'argent tous neuf, poisant dix-sept mars.

Item douze grans tasses qui furent de Maillé aux armes de Chauvigné, poisant le tout trente cinq mars deux onces.

Item douze autres tasses godronnées aux armes de Thouars et de Maillé, poisant trente et cinq mars six onces.

Item cinq autres tasses godronnées et à pié auxdites armes, poisant dix-neuf mars et demy.

Item deux grans poz godronnez ausdites armes, poisant trente et quatre mars.

Item ung petit potet et ung petit drajouer, deux salieres et l'escu d'un bassin aux armes de Thouars et d'Amboize, poisant le tout dix mars six onces.

Item deux bassins à laver ausdites armes de Maillé, poisant dix-neuf mars et demy.

Item ung drajouer à grant vereure, poisant en tout seze mars.

Item deux poz godronnez ausdites armes, poisant vingt et deux mars.

Item quatre chandeliers à flambeaux, poisant quatorze mars sept onces.

Autres menues bagues.

Premièrement unes petites matines des heures saint Jehan Baptiste couvertes d'argent doré et esmaillées.

Item deux pièces d'or du fons d'une couppe, ung petit lingot d'or de quatre escuz et huit bouz de lassez d'or esmaillez.

Item certain reliquaire en une petite burlete à une chesnete d'or.

Item une verge d'or en laquelle a ung dyament.

Item une autre verge d'or où il y a une pierre à pensées.

Item ung petit agnus Dei d'argent.

Item deux petits dyamens en verges d'or.

Item une petite Véronique et ung crucifilz d'or.

Item une jacinte en une verge d'or.

Item quatre doublez de verre en quatre verges d'argent et une longue serpentine enchassée en argent.

Item unes paternostres d'or remplie d'ambre.

Item le scel d'argent des armes dudit feu vicomte dont il usoit en ses lectres.

Item un autre scel d'argent aux armes parties de Thouars et de Madame.

Item en la boete dudit feu vicomte où estoit le dit scel des susdites armes ont esté trouvées deux cédules, l'une en papier, l'autre en parchemin, faisant mencion savoir est celle de parchemin comme Huguet Cartier receveur de Thouars confesse avoir en garde dudit vicomte la somme de quatre mil escuz, comme appert plus applain par la dite cédule datée du xxiiiᵉ jour de novembre l'an mil iiiᶜlxviii, signée H. Cartier et R. Estivale, à sa requeste. Et celle qui est en papier contient que François Martineau chastellain de Thouars confesse avoir en garde du dit vicomte la somme de quatre mil escuz d'or neufz, comme par icelle appert plus applain datée du ixᵉ jour de septembre l'an mil cccc soixante et neuf, signée du dit Martineau, H. Cartier et R. Estivale à sa requeste.

Item et ce fait ont esté appellez les dit Martineau et Cartier lesquelx ont cogneues les dites cédules et en avoir encores entre leurs mains savoir est le dit Martineau trois mil escuz et ledit Cartier deux mil escuz, et le sourplus dient avoir baillé audit feu vicomte et en avoir quictance et descharge de luy.

MARTINET.   LAURENS pour avoir esté présent
                             es choses dessus dites.

Robes en la garde robe.

P°. Huit aulnes de veloux cramoisi.

Item, une aulne et ung tiers de satin noir.

Item, deux aulnes et demie de damas noir.

Item, ung prepoint neuf de satin noir.

Item, deux robes, l'une courte de satin violet et l'autre longue de damas noir, fourrées d'aigneaux de Lombardie.

Item, troys douzaines de peaulx d'aigneaux noirs.

Item, une robe de satin noir longue fourrée de coustez de martres sebelines.

Item, une autre robe de satin noir fourrée de martres sebelines en tymbre longue.

Item, une autre robe de tanné fourrée de coustez de martres longue.

Item, une autre robe destaclete, forrée de martres, longue.

Item, une autre robe de damas violet, forrée de martres, longue.

Item, une autre robe de veloux sur veloux gris, forrée de martres sebelines, longue.

Item, une jacquete de veloux noir, forrée d'aigneaux noirs.

Item, une robe bastarde de veloux noir, forrée d'aigneaux noirs.

Item, une autre robe longue de veloux noir, forrée d'aigneaux de Lombardie.

Item, une robe longue de satin violet, forrée d'aigneaux noirs.

Item, une robe courte destaclete, forrée d'aigneaux blans.

Item, une robe bastarde de satin noir toute simple.

Item, deux petits coings d'une forreure le martres avecques ung lopin de martres de pais.

Item, deux prepoins de satin noir.

Robes à femme.

P° Deux robes l'une de satin noir et l'autre de morquin, forrées dermines.

Item, une autre robe de tanne, forrée d'aigneaux noirs sans gret.

Item, une autre robe destaclete, forrée d'aigneaux sans gret et sans choiste.

Item, une autre robe de satin noir, forrée d'aigneaux sans choiste.

Item, une robe de veloux noir à relever, forrée de martres cingesses.

Item, ung manteau de morquin simple.

Item, une robe de veloux violet simple.

Item, une autre robe de damas violet sans gret.

Item, une robe de satin, forrée de martres sans gret.

Item, une autre robe de morquin simple, fors le colet de martres.

Item, une vieille cote de satin usée.

Item, une autre cote dont le hault est de satin et le bas de veloux noir.

Item, une autre cote de damas violet doublé de blanchet.

Item, une robe de gris, bordée de veloux et doublée de bougran.

Item, une autre robe destaclete, bordée de veloux noir.

Item, une autre robe de satin noir toute doublée de veloux noir.

Item, une robe de veloux noir, bordée de cramoisi et doublée de bougran.

Item, une robe de veloux violet, bordée de veloux noir.

Item, une autre robe de veloux noir, bordée de violet.

Item, une autre robe de damas gris, bordée de veloux noir.

Item, une robe de satin violet, bordée de trexxe de veloux.

Item, une autre robe de veloux gris simple.

Draps de layne.

P° une pièce de gris de Rouan brun, contenant huit aulnes, du prix de deux escus l'aune ou environ.

Item, une autre pièce de drap gris soret de Rouan, contenant quinze aulnes, du prix de deux escus l'aulne ou environ.

Item, une autre pièce de tanne brun, contenant huit aulnes du prix d'un escu l'aulne ou environ.

Item, une pièce destaclete violée, contenant sept aulnes deux tiers du prix de cinq escus l'aune.

Item, une pièce de gris brun de Rouan, contenant cinq aulnes, du prix de deux escus l'aune ou environ.

Item, une cornete de veloux noir.

Item, dix paires de chausses neufves de noir vert et tanné.

Item, un manteau noir simple.

Item, une barbute de veloux.

Item, deux petites espées à garnetures d'or.

Item, ung cousteau dont la poignée est d'assier.

Item, neuf bonnez doubles tous neufs, noirs et violetz.

Item, trois paires d'autres chausses vieilles et usées.

Item, ung vieil prepoint de satin violet.

Item, ung petit chapperon et une barbute.

Item, quatre vieulx bonnetz.

Item, trois paires d'autres vieilles chausses.

Item, ung autre veil prepoint de satin cramoisi.

Item, deux manteaux de gris, doublés de blanchet.

Item, les heures du dit feu seigneur à ung fremouer d'or où il y a Jesus.

Item, ung petit coffret d'yveure, ferré d'argent doré.

Item, unes paternostres de boys qui furent feue madame de Jonvelle.

Item, une autre paternostres de divers boys, à l'un des bouz y a ung anneau et à l'autre ung crucifilx d'argent doré.

Item, ung cadran de leton es armes de Crussol, garny destuy.

Item, ung gibecier de fil où il y a des aguillettes de fil à armer.

Item, ung petit bonnet violet, forré de blanc.

Item, une autre gibecier roge.

Item, une cédule de Loys de Monbron sr de la Foulgereuse par laquelle il confesse avoir reçeu de feu mondit seigneur, par la main de Huguet Cartier, son receveur, la somme de mil escus pour porter à Monsr de Guienne duquel il promet en faire avoir lettre de recognoissance, datée la dite cédule du xiiie jour de janvier mil iiiie soixante et neuf, signée : L. de Monberon.

Item, ondit chastel ont esté trouvez le nombre de .... escabeaux de boys.

S'ensuivent les liz, lange, linge, tappiceries et autres utenssiles d'ostel trouvez on dit chasteau.

Po En la chambre longue où couchoit le dit seigneur ung ciel de tappicerie à verdure, garny dentredoulx et de trois courtines de bleu, d'ouvrage de Can avecque la couverte pareille du dit ciel.

Item, ung autre petit ciel de pareille tappicerie, garny dentre doulx et de trois courtines destain, taintes en bleu avecque la couverte pareille du dit ciel.

Item, en la dite chambre y a cinq pièces de tappicerie pareilles des dits cielz, tendues autour de la dite chambre,

Item, la coete et le traversin de la couchete estant soubz le dit petit ciel à double tyées.

Item, en ung petit chalit coulant dessoubz le grant une autre coete garnie de traverssier telle quelle dont couverte blanche.

Item le grant chalit de la dite chambre, garny de marchepié mes au regart de la coete et traversier avec le blanchet lodier et garneture du dit lit; il n'est point employé en cest inventaire parce qu'il appartient au curé.

Item, le petit banc de la dite chambre à deux lymandes et à armoyres fermant à clef.

Item, ung autre banc sans lymande, deux tables et quatre treteaux.

Item, ung droissouer simple.

Item, deux buffez ou comptoiers à armoyres fermans à clefz.

Item, ung escabeau à armoyre fermant à clef.

Item, ung grant escabeau long.

Item, deux cheyres dont l'une est perssée.

Item, ung grant myrouer.

Item, deux landiers de fer.

Item, quatre coulevrines de métal.

Item, en la chambre du pavillon une coete de plume commune entrée de toile commune avec le traversier garny d'une couverte blanche et par dessus ung vieil ciel d'Irlande de Can roge et trois courtines destain roges et en ung chalit.

Item, une autre petite coete en la couchete de la dite chambre garnye de traversier et par dessus une pièce de veille tappicerie de verdure et ung petit chalit.

Item, ung vieil banc sans lymande.

Item, deux petits landiers de fer.

Item, en la *chambre de dessoubz* y a ung grant chalit et une couchete tous neufz.

Item, en la *garde robe pres la dite chambre longue* y a le coffre de fer, quatre autres coffres couvers de cuir, deux boetes et deux autres petis coffres, le tout fermans à clefz.

Item, en la *chambre basse de la tour neufve* ung chalit foncé à ung pan et atresdoulx de boys et une couchete coulant par desoubz, onquel chalit a une coete et ung traversier le tout de plume entrez de grosse toile, couvert d'une mente de Frize blanche et par dessus une couverte de tappicerie de verdure.

Item, ung ciel garny destresdeulx parailz de la dite couverte avec-ques deux courtines vertes, de l'ouvrage de Can.

Item, en ladite couchete une autre coete et ung traversier de plume
entrez de grosse toyle, couverte d'une pièce de veille tappicerie, de
l'ouvrage de Can, à armoyrie.

Item, autour de la dite chambre y a cinq pièces de tappicerie de
verdure parails du dit ciel.

Item, ung banc celle à troiz piez tout neuf.

Item, deux landiers de fer.

Item, en la *garde robe neufve pres la dite chambre* une petite couchete en laquelle a une petite coete garnye de traversier et d'une
couverture de la tappicerie des hommes sauvages.

Item, à lentour de la dite garde robe y a quatre pièces de tappicerie
neufve de verdure.

Item, ung petit banc coffre fermant à clef.

Item, une celle basse.

Item, deux petits landiers.

Item, en la *chambre haulte de la dite tour*, ung chalit à deux pans et
une petite couchéte, onquel chalit a une coete garnye de traversier
couvert d'une couverte d'un ciel et tresdeulx, le tout blanc avecques
trois courtines parailles.

Item, en la dite chambre une table et deux tréteaux.

Item, en *l'une des chambres neufves pres la dite tour*, y a ung chalit
neuf à deux pans et âtresdoulx, onquel a ung lit garny de coete et
traversier et d'une couverture de tapicerie de verdure.

Item, en la dite chambre, a ung grant banc à lymande tout neuf
garny de marchepié, avecques ung droissouer, une table et deux tréteaux tous neufz.

Item, en *la veille sale* commune ung grant banc foncé veil au droit
de la cheminée, sans lymande, garny de marchepié.

Item, trois grans tables garnies de tréteaux et cinq bancs celles et
ung veil droissouer, le tout tels quels.

Item, en *l'autre sale neufve*, y a trois grans bancs à lymandes garniz
de marchepiez tous neufz, troys grans tables, quatre tréteaux et une
petite table large, le tout neuf.

Item, ung droissouer à trois estages, garny de tresdeulx, tout neuf.

Item, deux grans landiers.

Item, en *la chambre neufve pres la chappelle* y a ung chalit tout neuf
à deux pans, onquel a une coete de douvet garnie de traversier parail
entrée de troleys et par dessus ung ciel et tresdoulx et couverte de la
tapicerie à personnages, sans courtines.

Item, une couchete en laquelle a aussi une coete de plume garnie de traversier couverte d'une pièce de tappicerie à escripteaux où il y a humilité.

Item, en la dite chambre, cinq piéces de la tappicerie à personnages paraille des ciel et tresdeulx.

Item, ung banc à lymandes neuf, garny de marchepié, une table et deux tréteaux, le tout neuf.

Item, deux grans landiers de fer.

Item, en la *chambre haulte appellée la chambre à parer*, ung grant banc à lymande garny de marchepié.

Item, trois tables garnies de tréteaux.

Item, deux bancs celles et ung veil droissouer.

Item, autour de la dite chambre quatre pièces de la tappicerie aux hommes sauvages.

Item, deux grans landiers.

Item, en la *chambre des comptes* ung grant chalit neuf onquel a une coete garnye de traversier, le tout de plume, deux couvertes l'une roge et l'autre blanche et une coetepoincte de coton et par dessus ung veil ciel de taffetax a tresdeulx, garny de telles quelles courtines roges.

Item, une petite couchéte où il y a une petite coete garnye de traversier et par dessus une veille couverte usée.

Item, ung veil banc sans lymande, une table et deux tréteaux.

Item, en la *chambre du maistre d'ostel* ung grant chalit onquel a une coete garnye de traversier le tout de plume d'une grand sarge d'un ciel et tresdeulx et courtines le tout blanc.

Item, une autre petite coete et traversier servans à la couchete et une veille couverte roge toute dessirée.

Item, ung banc celle, une table et deux tréteaulx.

Item, en la *chambre de l'escuier de cuisine* ung chalit tel quel, une coete garnie de traversier, une couverte blanche et par dessus ung ciel garny detresdeulx, le tout de veille soye tannée à plusieurs escussons, garny aussi de deux courtines de bleu.

Item, ung petit lit en la couchete de la dite chambre.

Item, ung sars à passer espisses.

Item, deux petites tables garnies de tréteaux.

Item, les bouges à porter vesselle de cuisine.

Item, ung veil droissouer et une ..... fermant à clef pour mectre chandelle.

Item, une grand poesle d'arain usée, tenant cinq seillées d'eau ou environ.

Item, ung plat, trois escuelles de veil estaign.

Item, ung petit chandelier de cuivre.

Item, deux landiers de fer.

Item, en *la cuisine* quatre contrerox savoir est deux grans et deux petis, deux petis landiers, cinq broches de fer dont l'une est rompue, deux grans grilles et une petite, le tout de fer.

Item, deux pesles d'assier tellesquelles, deux fricquez aussi tels quelz.

Item, quatre pesles d'arain tenant chacune troys seillées d'eau ou environ.

Item, le chaudron et la cramaillere.

Item, ung mortier de cuyvre avec le pillon de fer.

Item, le pot à la camelure, le moutardier et une carte, le tout d'estain.

Item, le grand pot de cuyvre avec ung petit pour la fromentée.

Item, deux cousteaux de cuisine telz quelz.

Item, le mortier de pierre qui est double en ung chevalet de boys.

Item, en *la buanderie* deux grans pesles d'arain dont l'une tient huit seiglées d'eau ou environ et l'autre quatre seillées ou environ et un treppié de fer.

Item, en *la bouteillerie* ung chalit de boys non foncé onquel a ung lit garny de traversier, le tout de plume, couvert d'une couverte de veille tapicerie.

Item, deux landiers, deux veilles huges où l'on chapploit le pain, trois petites tables garnies de tréteaux et deux grans broz à vin.

Le linge.

P° a esté trouvé en la grant garde robe le linge qui s'ensuit, savoir est : quinze tabliers bons et compectans, à l'ouvrage de Venize.

Item, deux autres grans tabliers neufz de deux aulnes da large et ung autre tablier commun.

Item, sept autres tabliers telz quelz.

Item, six petites longeres fines entieres.

Item, vingt trois autres longeres ouvrées, d'une aulne de long, bonnes et compétentes.

Item, seze autres longeres ouvrées telles quelles.

Item, seze linceux de toyle de Holande dont les quatorze sont de quatre toyles et les deux de troys toyles, le tout bons et neufz.

Item, deux autres linceux de toyle de lin commune, de troys toyles et demie, bons et neufz.

Item, sept paires d'autres linceux bons et compétens, de quatre toyles chacune et de lin.

Item, trois autres paires de linceux de la dite laise et de lin.

Item, trois autres paires de linceux parailz et de lin.

Item, vingt cinq autres linceux de lin chacun de troys toyles.

Item, sept paires de linceux aussi de lin de la dite layse.

Item, ung seul linceul de lin de la dite layse.

Item, onze paires d'autres linceux de deux toyles.

Item, ung ciel de linge garny de tresdeulx et courtines telz quelz.

Item, neuf paires d'autres linceux neufz de lin dont il y en a trois paires de soixante aulnes et le sourplus de dix huit aulnes la paire.

Item, onze paires d'autres linceux de deux toyles telz quelz, le tout de lin.

Item, huit touailles neufves dont les quatre sont de lin et les autres de peau et de reppon.

Item, vingt autres touailles de peo et de reppon telles quelles.

Item, seze orilliers de douvet tous ensouillez.

Duquel linge il y en a de salle, savoir est : trois tabliers, dix neuf petites longeres, dix grosses touailles de peo et de reppon, trente sept linceux dont il y en a douze de lin de quatre toyles et le sourplus de troys toyles et huit autres linceux de deux toyles, tout lequel linge est demoré entre les mains de Guillemette Ladrouete pour les faire nectoier.

Tappicerie et autres choses estant en la dite garde robe.

P° ung grant tappiz velu de Jacques Cueur.

Item, quatre autres grans tappiz dont l'un est en la chambre des comptes.

Item, ung petit tappiz de Grèce.

Item, ung autre grant tappiz qui fut d'Adam de la Riviere.

Item, ung autre grant tappiz de Grèce.

Item, ung autre grant tappiz de Grèce.

Item, deux vieulx tappiz d'Espaigne.

Item, le tappiz de la chapelle de l'ostel.

Item, ung autre grant tappiz de Venize.

Item, l'on dit que au temps du dit décès y avoit ung autre tappiz en l'église de Notre Dame que l'on n'a point trouvé.

Item, quatre carreaux vieulx brochez de mauvaiz or.

Item, deux autres carreaux de drap d'or.

Item, neuf autres carreaux de véloux noir.

Item, cinq autres carreaux de veloux gris.

Item, quatre autres carreaux de tappiz d'Espaigne.

Item, dix autres carreaux de tappicerie et de sarge.

Item, trois autres carreaux de cuir pains à moresques.

Item, une piéce de tappicerie de verdure dont le sourplus est tendu en la dite chambre longue.

Item, ung ciel de tappicerie à verdure, garny de tresdeulx et de couverte.

Item, le drap d'une XIIme de carreaux de tappicerie à bestes et à verdure, tous neufz et en une piéce.

Item, ung banquier de tappicerie neuf, aussi à verdure.

Item, ung autre ciel de tappicerie à personnages et à arbres et bestes.

Item, une grande piéce d'autre tappicerie à verdure.

Item, un banquier d'autre tappicerie à feuillage.

Item, ung ciel de sarge roge, garny de franges avecques une grant pièce paraille et deux courtines.

Item, cinq piéces d'une veille tappicerie roge, de l'ouvrage de Can, aux armes parties d'Amboize et de Cran.

Item, deux grans piéces de tappicerie aux hommes sauvaiges avecques le ciel parail.

Item, ung ciel et tresdeulx d'autre tappicerie de verdure à escripteaux ou il y a humilité.

Item, une veille courtine verte.

Item, une veille couverte de taffetax toute doublée de bougran.

Item, deux courtines de tanne.

Item, une piéce de sarge blanche et ung bauchier de mesmes.

Item, ung drap à personnages de toyle, d'ouvrage de Flandres.

Item, une chézuble de satin cramoisi signée à orfrays avecques l'estole, le phanon, ung tresdoulx et ung subbassement d'autier.

Item, une autre chezuble de veloux jaune à orfrays de Jésus.

Item, ung pavillon de taffetax noir garny d'une ..... ou bouton à frange, le tout d'or de Chipre.

Item, ung tresdeulx d'autier, de soye à daulphins.

Item, une chezuble de satin noir à bordeure de fil d'or.

Vin.

P° En *la cave* deux pipes de vin pineau nouveau.

Item, trente et six pipes de vins nouveaux, tant blancs, roges que clairez.

Item, six pipes de vins blans vieulx dont il y en a deux de herce.

Item, on *célier de la herce* y a dix pipes de vin de herce dont l'une est roge et le sourplus blanc.

Item, deux autres pipes de vin de Marche.

Item, huit pipes de clerez des quars.

Item, on *grant celier des galeries* vingt-huit pipes, tant blanc, claret que roge.

Item, deux baignouerez beslongues.

MARTINET, par commandement de mon dit sr et pour avoir esté présent à fayre le dit inventoyre.

LAURENS, par commandement de mon dit sr de Bersuire et pour avoir esté présent à fayre le dit inventoyre.

S'ensuyvent les chevaulx estans en l'escuierie.

Pe. ung cheval grison courtault valant xxv escus ou environ.

Item, ung cheval fauvrau à la raye noyre, valant xx escus.

Item, ung petit cheval fauvrau, valant dix escus ou environ.

Item, une petite hacquenée brune bays, valant seze escus ou environ.

Item, ung cheval biart poussif, valant trois escus ou environ.

Item, ung petit cheval grison, valant cinq escus.

Item, une hacquenée blanche ladre, valant xxxv escus.

Item, une autre hacquenée noyre, valant xxv escus.

Item, une autre hacquenée grise appelée la jument, valant xviii escus.

Item, une autre hacquenée grise, valant xx escus.

Item, un grand mulet de bahu, du prix de xx escus.

Item, ung autre petit mulet noir, du prix de viii escus.

Item, une petite mule fauve, du prix de quatre escus.

Item, les quatre grans chevaulx de la charrete, telz quelx garniz chacun cheval d'une bride.

Item, quatre celles de femmes.